BARREAU D'ANGOULÊME

ÉLOGE

DE

M. F. LAFERRIÈRE

PRONONCÉ

À L'OCCASION DE L'INSTALLATION DE SON BUSTE

DANS LA CHAMBRE DES AVOCATS DU BARREAU D'ANGOULÊME

Le 10 Décembre 1876

PAR

M. HENRI LÉRIDON

Avocat

Bâtonnier de l'Ordre

ANGOULÊME
IMPRIMERIE G. CHASSEIGNAC & Cie
Rempart Desaix, 26

1877

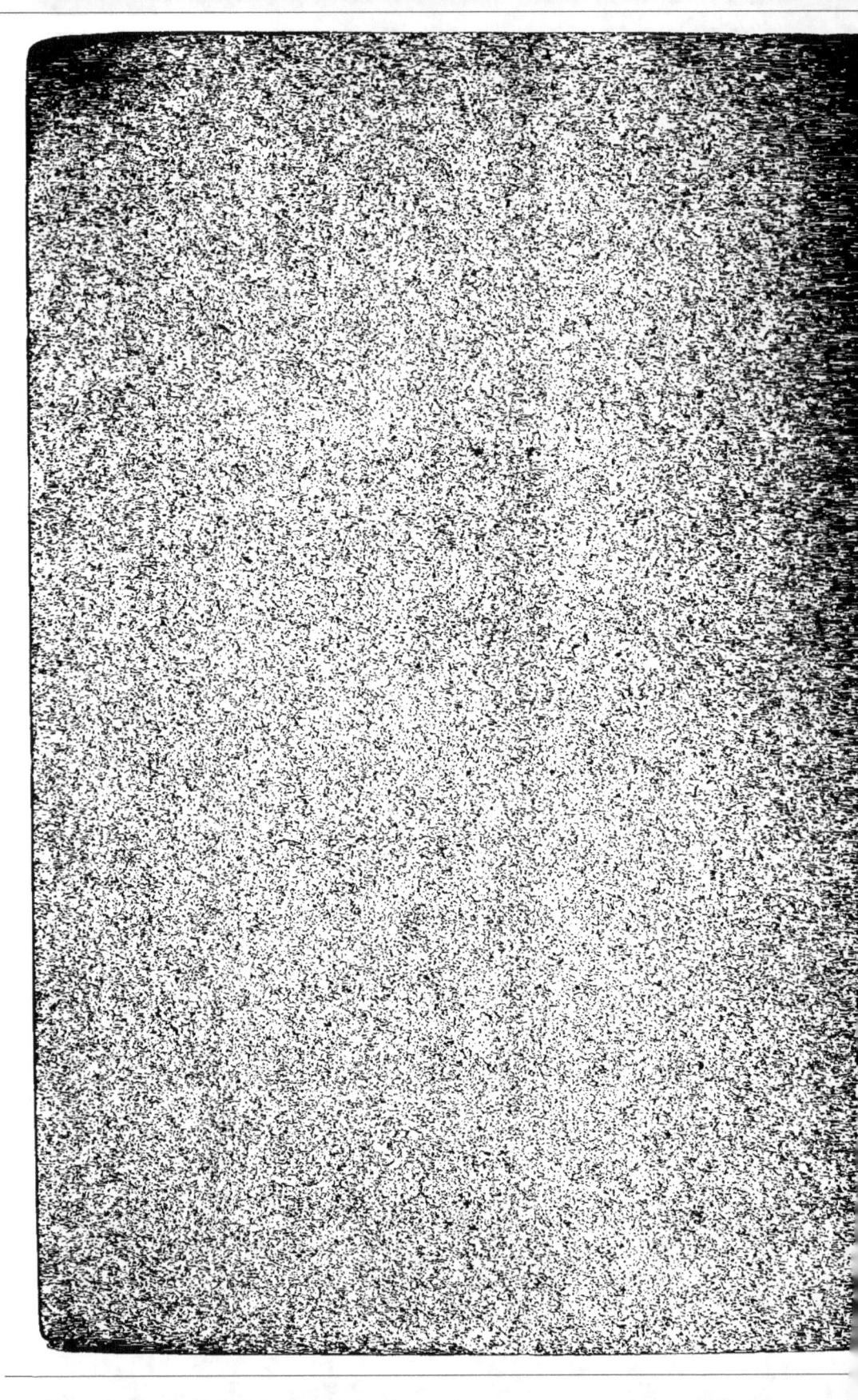

ÉLOGE
DE
M. F. LAFERRIÈRE

BARREAU D'ANGOULÊME

ÉLOGE

DE

M. F. LAFERRIÈRE

PRONONCÉ

A L'OCCASION DE L'INSTALLATION DE SON BUSTE

DANS LA CHAMBRE DES AVOCATS DU BARREAU D'ANGOULÊME

Le 10 Décembre 1876

PAR

M. HENRI LERIDON

Avocat

Bâtonnier de l'Ordre

ANGOULÊME

IMPRIMERIE G. CHASSEIGNAC & Cie

Rempart Desaix, 2°

1877

ÉLOGE
DE
M. F. LAFERRIÈRE[1]

> « Ses discours comme ses actes, ses
> « pensées constantes comme sa vie
> « entière portent témoignage de la
> « noblesse de son âme et de la hau-
> « teur de son esprit. »
> (MIGNET, *Éloge de Macaulay.*)

MESSIEURS,

Le 19 août 1844, les avocats du barreau d'Angoulême plaçaient dans la chambre de leurs réunions le portrait de M. Ausone Chancel, leur vénérable bâtonnier.

Les registres de l'Ordre nous apprennent « que « pour vaincre les scrupules de sa modestie, il fal-

---

[1] Cet éloge a été prononcé en conformité d'une délibération du Conseil de discipline de l'Ordre des avocats, en date du 12 mai 1876, et en présence de M. Bordier, conseiller à la Cour de Bordeaux, président des assises de la Charente; de tous les magistrats et membres du tribunal civil d'Angoulême; de MM. les magistrats du parquet; des membres de la Chambre de discipline des avoués; de M. Alphonse Laferrière, chef d'escadron au 19e chasseurs, l'un des fils de M. Laferrière; de plusieurs autres membres de la famille; de l'Ordre entier des avocats et des anciens bâtonniers.

« lut lui promettre qu'on aviserait plus tard pour
« placer à côté de son portrait celui des anciens
« avocats qui avaient honoré à Angoulême la car-
« rière du barreau. »

C'est cette promesse que nous réalisons aujourd'hui en installant ici le buste de M. Laferrière.

Avocat, professeur, historien, jurisconsulte, inspecteur général des Facultés de Droit, membre de l'Institut, il a laissé partout une trace de sa brillante personnalité, et sa vie est si noble et si pure qu'en se rapprochant de lui par le souvenir et par l'étude, on se sent pénétré pour sa personne, pour son caractère et pour son savoir, d'une respectueuse sympathie et d'une profonde admiration.

Tel est le double sentiment que je vais essayer d'exprimer et de justifier devant vous en retraçant, pour répondre à la pensée du Conseil de discipline de l'Ordre, la vie et les travaux de notre illustre ancien confrère.

Mais tout d'abord qu'il me soit permis de vous remercier tous, messieurs, et vous en particulier messieurs les magistrats, de votre présence au milieu de nous.

Nous ressentons vivement l'honneur que vous nous faites. En vous associant à l'hommage que l'Ordre des avocats rend à l'un de ses anciens, vous avez voulu prouver une fois de plus combien sont étroits les liens de la famille judiciaire et montrer votre estime pour un Ordre qui s'honore d'avoir compté plusieurs d'entre vous au nombre de ses membres et qui met au rang de ses devoirs professionnels son respect pour la magistrature.

I.

M. Louis-Firmin-Julien Laferrière est né à Jonzac, le 5 novembre 1798. Il appartenait à une honorable famille qui entoura son enfance d'une pieuse et intelligente sollicitude et lui inspira de bonne heure l'amour du bien.

Son père, négociant à Jonzac, était un homme d'une probité sévère et de profondes convictions religieuses. Il avait épousé à Angoulême une femme aussi distinguée par le cœur que par l'esprit, Mlle Marguerite-Louise Sazerac.

Ce fut au sein de cette famille d'élite que s'écoulèrent les premières années du jeune Laferrière. Il ne devait jamais oublier les vertus domestiques dont il avait été le témoin.

Obligé de se séparer de lui, son père l'envoya à Angoulême, près de ses parents maternels, pour lui faire suivre les cours du collége de cette ville.

Il y fit de brillantes études. Son âme vive révélait les plus heureuses facultés de l'intelligence, et facilement entraînée vers le côté poétique des choses, sa jeune imagination s'essayait déjà dans l'art de revêtir sa pensée des formes les plus gracieuses et les plus séduisantes du langage littéraire. Ce qui frappait en lui, c'était un mélange de raison et de sensibilité et une application au travail soutenue par une volonté que rien ne rebutait.

Malgré les espérances qu'il faisait concevoir, qui donc eût pu deviner dans ce jeune et charmant esprit celui qui devait être plus tard un grave jurisconsulte?

Mais la vie est pleine d'enseignements sévères et M. Laferrière avait à peine quinze ans quand la douleur d'un deuil cruel vint jeter sur son front ses premières ombres.

Son père, qu'il aimait de la plus respectueuse tendresse, mourut presque subitement, et ce malheur inattendu fit sur son âme une profonde impression. Le devoir lui apparut alors dans sa sérénité grave. Quand il vit sa mère veuve accepter sans faiblir la tâche sainte d'élever seule sa jeune et nombreuse famille [1], il comprit l'impérieuse nécessité du travail. Il continua ses études, et après une année de philosophie au collége de Saintes, il se rendit à Paris pour y faire son droit (1817). Il se destinait au barreau.

Très jeune encore, il avait compris tout ce que la profession d'avocat demandait de science, de dévouement et d'abnégation, et sa vocation s'était fixée.

Il suivit les cours de l'École de Droit et s'y fit remarquer par son zèle et son amour du travail. Mais l'enseignement exclusif du Droit renfermé dans

---

[1] Elle avait neuf enfants.

l'examen des textes ne pouvait suffire à cette âme avide de savoir.

Les cours de la Sorbonne l'attiraient davantage. C'était l'époque où les leçons de MM. Guizot, Cousin et Villemain excitaient un si grand et si vif intérêt, et donnaient à l'enseignement historique, littéraire et philosophique une impulsion nouvelle.

« Les trois cours font merveille, disait Sainte-Beuve, surtout pour l'esprit qu'ils propagent et le mouvement qu'ils impriment [1]. »

« Il n'est pas aisé, écrivait plus tard M. Cousin, dans nos jours d'abaissement et d'affaissement intellectuel, de se faire une idée de la noble ardeur qui enflammait alors le génie français dans les lettres et dans les arts. L'esprit public faisait des chaires de M. Guizot, de M. Villemain et de la mienne, de véritables tribunes. Depuis les grands jours de la scolastique au XIIe et au XIIIe siècle, il n'y avait pas eu d'exemple de pareils auditoires dans le quartier latin. Deux à trois mille personnes de tout âge et de tout rang se pressaient dans la grande salle de la Sorbonne [2]. »

M. Laferrière eut le bonheur d'assister à ces leçons. Il fut de ceux qui ressentirent les effets du mouvement intellectuel qui se manifestait autour de ces maîtres illustres ; son intelligence ouverte et bien préparée recueillit leurs doctrines. Il en retira un

---

[1] Sainte-Beuve, *Lettres de jeunesse*.
[2] *Introduction à l'histoire de la philosophie*, avant-propos.

immense profit : le goût des lettres, l'amour du vrai et l'intelligence de la critique historique.

Licencié en droit, il fréquenta le palais ; il put y y entendre la voix puissante de ces grands avocats de la Restauration qui revendiquèrent si ardemment les droits de la parole et de la pensée [1]. — Il suivit également la conférence des jeunes avocats ; il y rencontra quelques-uns des hommes qui devaient illustrer la génération nouvelle du barreau, et après quelques mois d'épreuves, il revint à Angoulême se faire inscrire au barreau de cette ville en qualité d'avocat stagiaire.

Les registres du tribunal d'Angoulême constatent qu'il prêta le serment d'avocat devant la cour d'assises de la Charente le 3 mai 1821. — Il avait alors vingt-deux ans.

A cette époque, le barreau d'Angoulême se composait de dix avocats inscrits. Je ne puis rencontrer leurs noms sans les saluer d'un sympathique souvenir. Ce sont ceux de MM. Chancel, Descordes, Sallée-Duquerroy, Mestreau, Favre, Gaurain-Desouches, Ganivet, Thibaud, Mathé-Dumaine et Janet.

Au milieu de ces hommes versés dans la science et dans la pratique du Droit, M. Laferrière se trouvait à bonne école. Il rencontrait là des exemples et

---

[1] « Sous la Restauration, les légistes redevinrent les véritables représentants des classes moyennes... Ce fut pour eux une période éclatante. » (Bardoux, *Les Légistes et leur influence sur la société française.*)

des conseils qui ne devaient pas être perdus pour lui. C'est lui-même qui s'est plu à le rappeler, au sixième volume de son *Histoire du Droit français,* quand, après avoir rendu hommage à Souchet, le savant commentateur de notre Coutume d'Angoumois, il ajoute : « Ses anciens confrères, qui étaient les ora-
« cles du Droit dans la province, M. Mestreau, mem-
« bre du premier tribunal de cassation, et M. Chancel,
« ancien membre du Corps législatif, ne suivaient
« pas ses opinions. Ce dernier était le modèle des
« avocats consultants et sa mémoire sera longtemps
« vénérée dans le pays. Il fut mon ancien patron et
« m'a bien encouragé dans mes travaux d'histoire
« du Droit. »

J'éprouve, messieurs, un secret plaisir à rapprocher ainsi le nom du jeune stagiaire de 1821 de celui du vieil avocat, seize fois bâtonnier de son Ordre, dont le souvenir, très vivant encore, vous a été si éloquemment retracé par un de nos confrères que la mort a ravi trop vite à notre respectueuse affection [1], et je suis fier pour notre Ordre de pouvoir constater que ce fut au milieu des confrères de son temps et sous le patronage de M. Chancel que M. Laferrière a commencé ses travaux d'histoire du Droit.

Le palais ne l'absorbait point en effet tout entier. — A son entrée dans la carrière, les loisirs ne pouvaient lui manquer. Il sut les mettre à profit et les

---

[1] M. Théodore Georgeon : *Discours sur la vie de Pierre-Ausone Chancel, prononcé le 25 mai 1849.*

consacra à de consciencieuses études d'histoire et de philosophie.

Il cultivait aussi la poésie, et bien qu'il ne lui demandât que de courts délassements, il se plaisait néanmoins à traduire en vers élégants et faciles les sentiments de son cœur.

C'est ainsi qu'il saluait, en 1827, le retour de M. Cousin dans sa chaire de philosophie fermée depuis 1822 :

« Tu reparais enfin à la chaire muette,
« Où de nos libertés le Pouvoir triomphant
« Frappa de la Raison le profond interpète,
« Le disciple inspiré de Platon et de Kant !
« Tu parais : dans tes yeux le génie étincelle,
« Et ton paisible front, rayonnant de clarté,
« Est le trône où s'assoit, pleine de majesté,
    « La Pensée immortelle ! »

. . . .
. . . .

    « Heureux qui, maître de ses jours,
« Te contemple au milieu de l'imposante école ;
« Qui des vulgaires soins libre enfin pour toujours,
« Peut abreuver son âme à ta haute parole !

« Qui me rendra ce temps d'étude et de bonheur,
« Où mon cœur, aspirant à *ta philosophie,*
    « Auprès du foyer créateur,
« Avide, recueillait la flamme de la vie. »

M. Cousin fut touché de cet hommage.

« Je suis tout confus, monsieur, écrivait-il à
« M. Laferrière, des beaux vers que vous m'adres-

« sez. Je vois que vous m'avez compris, et dans plus
« d'un endroit vous exprimez très heureusement
« les plus nobles sentiments. Il serait à regretter
« que vous fussiez assez injuste envers vous-même
« pour négliger votre talent. Cultivez, monsieur, et
« les Muses et la Philosophie ; la pauvre Philosophie
« a grand besoin de la coopération de tous ceux
« qui l'aiment, et vous êtes digne de servir cette
« bonne cause. Je serais heureux que vous voulus-
« siez bien aussi conserver un peu d'affection à un
« philosophe qui a un cœur pour ses amis et qui ne
« demande pas mieux que de vous mettre de ce
« nombre. »

Vers la même époque, M. Laferrière livrait au public son poème des *Lusitaniennes*.

Ces œuvres de jeunesse suffisent à prouver que M. Laferrière, du fond de son cabinet d'avocat, ne restait point indifférent à ce grand et magnifique travail de la pensée qui se produisit, sous la Restauration, dans toutes les branches des connaissances humaines.

Non content d'assister en spectateur curieux et attentif à ce mouvement des esprits, M. Laferrière voulut y prendre une part active et personnelle, et convaincu que toute la science du Droit n'était pas dans nos Codes, il se mit courageusement à la recherche des vastes documents de notre histoire juridique.

Deux livres exercèrent à ce moment sur son esprit et sur sa vocation intellectuelle une influence décisive. Ils furent pour lui comme une révélation de la voie qu'il devait suivre. Je veux parler de l'*Histoire du Droit romain au moyen âge,* de M. Savigny, dont le premier volume parut vers 1815 et le dernier vers 1831, et de l'*Histoire de la civilisation en France,* de M. Guizot (1829).

La direction que ces travaux historiques donnèrent à l'esprit de M. Laferrière, déjà fortement nourri des idées de Montesquieu et du Discours sur l'histoire universelle, ne l'éloignait pas des devoirs et des travaux de sa profession d'avocat.

Nos anciens nous ont appris que son activité pour les affaires ne souffrit point de ses autres études et qu'il ne tarda pas à conquérir au barreau une place digne de son savoir et de son talent.

Il avait à un très haut degré toutes les qualités d'esprit qui promettent et assurent le succès : une vive imagination, une parole élégante, une sensibilité vraie, un ardent amour du travail, M. Laferrière possédait tout cela; il y joignait une légitime ambition et une connaissance sérieuse du Droit.

Il apportait, d'ailleurs, dans la préparation de ses affaires, ce rigoureux scrupule qui est l'un des devoirs de l'avocat, et il s'exerçait sans relâche à l'art de bien dire.

Le nom de M. Laferrière fut donc bientôt entouré d'une véritable notoriété. J'ai eu sous les yeux plusieurs mémoires publiés par lui en 1828 et 1829, à l'occasion de divers procès dont il était chargé; ils révèlent à la fois une grande droiture d'esprit et une profonde connaissance des affaires. Ils sont écrits avec une certaine simplicité qui contraste avec les phrases sonores et un peu vides qu'on rencontre d'ordinaire dans les autres documents du même genre qui se publiaient alors. — On sent que déjà le talent des avocats se transforme et que la rhétorique va faire place à un langage plus net et plus approprié aux affaires.

M. Laferrière plaida dans plusieurs affaires importantes. Son cabinet devint le centre d'une clientèle honorable, et par son amour de la justice et de la vérité, par la droiture et la prudence de son caractère, par son attachement aux devoirs de sa profession, il se montra digne de l'estime et de la considération de tous.

Les conseils de quelques amis, justes appréciateurs de son talent, le déterminèrent à se faire inscrire au barreau de Bordeaux, et l'année 1832 fut la dernière de son séjour à Angoulême. Mais il restait attaché à notre ville par les liens les plus doux et les plus étroits de la famille et de l'amitié.

C'est à Angoulême, *la ville tant aimée,* comme il l'appelait plus tard [1], que, le 12 mai 1830, il avait épousé celle qui fut la compagne dévouée de sa vie, Mlle Élisabeth Lajarte.

C'est à Angoulême que sont nés ses deux fils.

C'est à Angoulême enfin, dans le sein de notre

---

[1] Lettre à M. Eus. Castaigne, du 11 septembre 1858, publiée par M. de Rencogne : *Éloge de M. Castaigne.*

barreau, que dix années de sa vie se sont écoulées !

De pareils souvenirs ne s'effacent jamais du cœur, et M. Laferrière ne les a jamais oubliés [1].

Il nous appartient donc par ses premiers travaux et par les espérances de sa jeunesse laborieuse. A ce titre, notre Ordre a le droit de le revendiquer et de le suivre dans le développement de sa carrière.

II.

Inscrit au tableau des avocats de Bordeaux le 27 novembre 1832, M. Laferrière ne tarda pas à montrer qu'il était digne de marquer sa place dans ce grand barreau qui comptait dans ses rangs d'éminents avocats et d'illustres jurisconsultes.

Il y resta six années à peine ; mais combien elles furent remplies par les affaires et par les études historiques.

On en eut la preuve en 1836, quand parut le premier volume de son *Histoire du Droit français*.

M. Laferrière avait été frappé des tendances de l'École germanique. Il avait craint de lui voir, suivant son expression, « envahir le domaine de nos « traditions, obscurcir nos origines et troubler le « cours de la science juridique en France, en nous

---

[1] 1856. Lettre à M. Castaigne.

« séparant des traditions des théories romaines et
« de l'esprit vital de nos institutions. » — Jeune
encore, il n'hésita pas à reprendre le mouvement et
la pensée de notre École nationale.

Pensée féconde, messieurs, et qui ne pouvait naître que dans une âme vraiment française, profondément pénétrée de ces fortes croyances de la philosophie chrétienne qui avaient nourri et soutenu le génie de Domat, de D'Aguesseau et de Pothier, et que M. Laferrière avait puisées lui-même dans sa famille et dans son éducation.

Le plan de l'ouvrage de M. Laferrière est aussi simple qu'élevé :

« Manifester par l'histoire le rapport essentiel et
« philosophique du Droit romain avec le Christia-
« nisme et leur association dans le monde comme
« éléments civilisateurs ; — considérer le Droit ro-
« main dans ses luttes et ses combinaisons avec
« les divers autres éléments de la société, pour la
« formation et le développement du Droit français ;
« — saisir et suivre dans sa marche, ses interrup-
« tions, ses alliances, ses transformations, la pensée
« civilisatrice qui des Capitulaires a conduit nos
« lois civiles à travers les révolutions de la féodalité
« et de la monarchie française, jusqu'au Code du
« XIXe siècle. » — Telle est l'idée du livre et telle
était l'œuvre qu'entreprenait M. Laferrière. Il ne s'agissait de rien moins que de rechercher la tradition de notre Droit actuel et d'établir ses origines sur une base scientifique.

Je ne puis analyser ici ce livre, si remarquable à des titres divers, mais je dois pourtant vous en faire saisir les caractères principaux et en résumer à grands traits les principales divisions.

Le premier livre embrasse les premières transformations du Droit romain.

Exclusivement local à l'origine, le Droit civil de Rome ne s'exerçait que dans les limites étroites de la cité ; mais quand les plébéiens eurent fait disparaître la barrière légale qui les séparait des patriciens, en obtenant l'abolition des lois prohibitives du mariage entre les deux races ; quand le préteur eut entrevu les principes éternels du Droit naturel et de l'Équité ; quand Cicéron, qui en pressentait l'empire, en eut donné la définition : « *Est lex non « scripta, sed nata...,* » alors, il fut vrai de dire que le Droit avait subi une transformation profonde, et qu'après avoir passé successivement du Droit pontifical au Droit des douze Tables et du Droit des douze Tables à son alliance avec le Droit prétorien, « le « Droit civil irait se perdre et se confondre dans le « Droit des gens et deviendrait le Droit naturel et « rationnel, qui marcherait désormais à la conquête « de la société sous le nom propre et immortel du « Droit romain. »

Le deuxième livre contient l'histoire de l'introduction du Droit romain dans les Gaules et celle de son alliance avec le Christianisme, à l'origine et en présence de la féodalité.

On ne lit pas sans profit les pages éloquentes consacrées par l'auteur au développement et à la démonstration de ce grand fait historique :

« A Rome et dans l'Orient, dit-il, dans le nord
« inconnu de l'Europe, déjà se lèvent en même
« temps, comme sur un triple horizon, les prin-
« cipes nouveaux auxquels appartient l'avenir de
« l'humanité... Le spiritualisme va dominer le
« monde intellectuel, et des hommes nouveaux vont
« dominer le monde extérieur, en subissant l'action
« lente, mais victorieuse, du principe spiritua-
« liste... Le Droit romain va marcher de front
« avec la foi du Christ dans la sphère religieuse,
« pour pénétrer et maîtriser les nations. — Il dé-
« pouille les maximes étroites, les formules, les
« traditions de l'antique esprit du Patriciat et de la
« cité jalouse. Il met la cession de biens à la place
« de l'esclavage pour les débiteurs insolvables ; —
« il proclame l'égalité de nature entre les hommes ;
« — il pénètre partout le monde connu en même
« temps que le Christianisme, et s'allie avec lui pour
« la régénération et la civilisation du monde. »

L'esprit du livre de M. Laferrière est tout entier dans ces quelques lignes. On y retrouve le génie de l'École française et comme un écho des vérités qu'avait enseignées l'auteur de l'Esprit des lois.

Le troisième livre est l'histoire du Droit coutumier ou, pour être plus exact, l'histoire de la mission civilisatrice du Droit romain luttant contre le Droit civil de la féodalité et des Coutumes.

Après avoir rappelé les principaux monuments des

Coutumes, le livre des Fiefs lombards, les Assises de Jérusalem, les Chartes d'affranchissement des villes et des communes, les Établissements de saint Louis, le Conseil à un ami de Pierre Defontaines, les Coutumes du Beauvoisis, le Livre de notre Jean Faure, le grand coutumier de Charles VI, M. Laferrière signale « la résurrection du Droit « romain, se levant au réveil de la société dans « le XII⁰ siècle, et se levant comme l'aurore de la « civilisation chrétienne. »

Le quatrième livre est consacré au Droit canonique qui, pendant la première période de son histoire, servit puissamment la cause de la civilisation.

Le Droit canonique propagea dans les relations sociales les premières notions du droit et de la raison qu'il avait retenues ou empruntées des lois romaines ; il concourut à extirper la procédure des Duels judiciaires et à affaiblir les aspérités des Coutumes bizarres que la féodalité avait enfantées dans le rayon de chaque fief dominant.

Mais là s'arrêta l'influence salutaire du Droit canonique. Il ne toucha pas aux rapports de subordination de l'homme à la terre, au servage, au Droit d'aubaine, aux Droits réels et personnels qui faisaient le fond des usages féodaux. Il s'isola des autres éléments qui concouraient à l'émancipation sociale ; il voulut que toutes choses politiques et privées fussent soumises aux juridictions ecclésiastiques. De là sortit la lutte du XIV⁰ siècle.

Les barons, les grands seigneurs, la royauté se

liguèrent contre les usurpations féodales de la juridiction ecclésiastique. Ce fut une lutte de quatre cents ans. Elle se termina par le triomphe du pouvoir civil défendu par les Ordonnances royales et par les Parlements.

C'est là l'objet du cinquième livre. Deux périodes marquent l'histoire de la royauté, à partir du XIIe siècle.

La première est remplie par son travail d'émancipation et sa tendance à la centralisation des pouvoirs et des forces sociales. Elle s'étend de Philippe-Auguste à Louis XIV.

La deuxième période est celle du pouvoir absolu. Elle commence à Louis XIV et finit à la Révolution française.

Après un coup d'œil général sur l'esprit des Ordonnances royales pendant le cours de ces deux périodes, M. Laferrière les examine dans leurs progrès et leurs résultats. Il signale leurs rapports avec le Droit romain et le Droit coutumier, et, recherchant la part d'influence exercée par le Droit romain, il le montre servant d'inspiration aux Ordonnances célèbres qui attaquaient, dans les personnes et dans les choses, le Droit civil de la féodalité, ou qui cherchaient à organiser la société civile, en lui donnant pour base le dogme de l'indépendance et de la nationalité française. — Ce long et patient travail des Ordonnances appliquées à l'organisation de la société civile est analysé et décrit avec beaucoup de soin par M. Laferrière, jusqu'à l'avénement de la

Révolution française, que l'auteur considère comme l'application à la société des principes du Christianisme et du Droit romain sur l'égalité de la condition humaine, sur la nature du droit de propriété, sur l'égalité dans les droits de famille et sur la liberté de l'homme dans les conventions.

Le livre se termine par un rapide résumé des phases que l'idée civilisatrice a suivies en dehors des actes du pouvoir gouvernemental, c'est-à-dire dans l'ordre scientifique. Et dans cette large classification des Écoles du Droit romain et du Droit français, depuis l'École des glossateurs jusqu'à l'École rationnelle, M. Laferrière retrouve et poursuit la démonstration de sa thèse, l'influence du Christianisme et du Droit romain sur notre Droit français, sur son développement scientifique et sur les progrès de la société moderne.

Arrivé ainsi jusqu'à 1789, à ce moment « où le passé expire, » et que M. Laferrière appelle poétiquement la région des orages, il voulut attendre, pour continuer sa publication, le jugement de l'opinion.

La première voix qui s'éleva fut celle d'un jeune et savant jurisconsulte dont la science a pleuré la perte prématurée, Klimrath.

Klimrath, dont les études avaient été spécialement dirigées vers le Droit germanique et qui ne dissimulait point ses préférences pour les principes coutumiers, entrevit dans M. Laferrière un adversaire de race. — Après avoir lu son livre, il jeta comme un cri d'alarme et publia un article de violente critique où, tout en se défendant de se laisser entraîner à des exagérations que désavouerait la science, il attaquait, sans modération et sans mesure, l'œuvre de notre ancien confrère.

M. Laferrière fut sensible aux critiques amères qui lui étaient adressées. « La plume me tomba « des mains, dit-il, quand je lus qu'on me reprochait « de présenter l'histoire du Droit français sous un « jour contraire à la vérité historique et de m'égarer « dans mes recherches. »

Il ne se méprit point, du reste, sur les causes de ce jugement sévère. « Le blâme s'adressait à l'omission « des origines et des doctrines germaniques. »

Mais d'autres appréciations ne tardèrent pas à venger M. Laferrière. Les maîtres les plus compétents rendirent justement hommage à sa courageuse entreprise et applaudirent à son œuvre savante.

« Nous ne saurions trop reconnaître, écrivait M. Ra« petti, professeur au Collége de France, les ser« vices éminents que M. Laferrière a rendus à l'étude « philosophique du Droit : un système historique « conforme à notre action civilisatrice, le rétablis« sement de notre véritable tradition nationale, « l'application de cette tradition à l'éclaircissement « général de notre Droit actuel, voilà, certes, de « grands mérites qui recommandent l'ouvrage de « M. Laferrière à tous les amis de la patrie et de la « science [1]. »

---

[1] *Revue de législation*, tom. VII, p. 335.

Il a rappelé lui-même, avec un sentiment de légitime orgueil, que du haut de son siége à la Cour de cassation, M. le procureur général Dupin, profitant d'une induction historique de son livre, en prit occasion de signaler l'ouvrage à l'attention de la première magistrature du pays, et que M. Boncenne, le célèbre professeur de la Faculté de Poitiers, lui écrivit pour donner à son œuvre une franche et sincère approbation.

L'ouvrage de M. Laferrière méritait bien ces encouragements et ces éloges. Il ne faut pas perdre de vue que jusqu'à lui l'histoire du Droit français n'existait pas, car on ne peut donner ce nom à l'*Histoire ecclésiastique* de l'abbé Fleury, et M. Dupin, son continuateur, n'avait lui-même écrit qu'un précis du Droit français, propre tout au plus à donner une idée générale de l'histoire du Droit depuis Louis XIV.

L'épreuve que M. Laferrière avait voulu faire avant de publier le second volume de son histoire du Droit avait donc réussi. Il n'hésita plus, et ce second volume parut en 1838.

Il embrasse toute l'époque révolutionnaire et l'histoire de la codification.

Après avoir mis en lumière le principe fondamental de la Révolution française, poursuivant à la fois l'application de la liberté dans les actions humaines et dans les conventions civiles et celle de l'égalité dans la nature et l'origine des hommes aussi bien que dans les droits de propriété, principes issus du Christianisme et du Droit romain, M. Laferrière étudie et classe les lois de la Révolution dans leur œuvre laborieuse de réaction, de destruction ou d'organisation à l'égard des personnes comme à l'égard des propriétés. — Il indique et retrace l'œuvre successive de chacune de nos grandes Assemblées : la Constituante, la Législative, la Convention nationale ; il examine les lois du Directoire et spécialement celles du 11 brumaire et du 22 frimaire an VII, sur le régime hypothécaire et sur l'enregistrement, et il arrive enfin à la période du Consulat, période d'organisation politique, administrative et judiciaire, pendant laquelle fut entreprise la codification de nos lois.

A chaque époque de la Révolution, M. Laferrière a pris soin de marquer l'idée générale et dominante. C'est ainsi qu'il a justement remarqué que, dans la première époque de 1789 à la fin de 1791, le principe social est celui du Christianisme et du Droit rationnel, tandis que la deuxième a pour principe la souveraineté du peuple sans contrôle et sans limite, c'est-à-dire le principe de la force jeté dans les masses populaires.

Il faut lire tout entier ce livre, où se trouvent rappelés des principes, sinon méconnus aujourd'hui, du moins un peu oubliés. Il se fait remarquer par la clarté du style aussi bien que par l'élévation de la pensée et la profonde intelligence des faits et des idées qu'il expose ou qu'il discute. La verve et la chaleur du langage n'y excluent ni la science ni la profondeur des vues philosophiques ; les faits ont apparu à l'auteur sous leur physionomie vivante, et il les a retracés avec une sorte d'enthousiasme qui ne l'a point empêché de voir ni de condamner les erreurs, les fautes et les crimes.

Tels étaient, messieurs, les travaux de M. Laferrière au milieu des soins et des labeurs de sa profession d'avocat.

Il avait eu le mérite d'écrire le premier l'histoire du Droit français.

Il ne tarda point à recevoir de ses travaux une éclatante récompense, car l'année même de la publication du second volume de cette histoire du Droit (1838), l'Université l'enlevait au barreau pour lui confier l'enseignement du Droit administratif à la Faculté de Rennes.

Avant de le suivre dans cette nouvelle phase de sa carrière, permettez-moi de signaler les autres publications qui appartiennent à cette époque de sa vie. Elles rendent témoignage de l'infatigable activité de son esprit et de l'étendue de son savoir :

1837. Étude sur la philosophie de l'histoire appliquée au développement de la République romaine.

1837. Étude critique sur les *Origines du Droit français* de Michelet. (*Revue de législation*, 1837.)

1837. Étude sur la propriété littéraire. (*Revue de législation*, tom. V, p. 80.)

1838. Fragments d'histoire parlementaire d'après les registres secrets du Parlement de Bordeaux. (*Revue de Bretagne.*)

1838. Étude de science sociale sur M. Lamennais et le *Livre du peuple.* (*Revue universelle,* tom. II, mars 1838.)

III.

Ce fut le 30 avril 1838 que M. Laferrière prit possession de la chaire de Droit à laquelle il avait été nommé par ordonnance royale du 1er février 1838.

Cette chaire avait été créée le 12 décembre précédent, par ordonnance rendue sur le rapport de M. de Salvandy.

C'était donc la première fois que le Droit administratif allait être enseigné à Rennes.

Chargé d'inaugurer cet enseignement, M. Laferrière se montra dès le premier jour à la hauteur de la mission qui lui avait été confiée et de la réputation qui l'avait précédé.

Il ouvrit son cours par une introduction à l'histoire des institutions administratives [1]. Embrassant dans un vaste coup d'œil les diverses époques historiques de la France, il indiquait les institutions qui caractérisaient chacune d'elles et qui devaient faire l'objet de son cours; puis, après avoir tracé à grands traits le plan qu'il se proposait de suivre, il ajoutait :

---

[1] Cette leçon a été publiée par la *Revue de législation,* 1838, tom. VIII.

« Cette revue historique nous conduira à ce ré-
« sultat que notre époque est plus près qu'aucune
« autre de l'unité d'ordre et d'harmonie, de cette
« unité sociale à laquelle le Christianisme et la Phi-
« losophie appellent les nations. La France contem-
« poraine a commencé dignement à réaliser l'union
« des deux éléments fondamentaux de la société
« humaine, la liberté et le pouvoir. L'œuvre prin-
« cipale qui semble offerte à notre besoin de pro-
« grès est d'étendre, d'affermir cette alliance, et de
« placer ainsi *la liberté* et *le pouvoir* au même de-
« gré dans l'amour et le respect des citoyens. »

Ces nobles pensées et ces patriotiques paroles furent accueillies par d'unanimes applaudissements. Il en fut de même des leçons qui suivirent, elles eurent un véritable retentissement.

Doué pour l'enseignement des plus heureuses facultés, le professeur apportait dans sa chaire une science profonde, une méthode sûre, une grande rectitude de jugement fortifiée par la pratique des affaires et un remarquable talent d'élocution.

Aussi, messieurs, vit-on se presser autour de sa chaire, non-seulement des étudiants, mais des hommes du monde, des publicistes, des jurisconsultes et des magistrats [1], attirés les uns et les autres par cette méthode nouvelle qui appliquait au Droit administratif les richesse de l'histoire et les lumières de

---

[1] La Cour royale de Rennes avait décidé que les délibérés n'auraient pas lieu à l'heure du cours de M. Laferrière.

la philosophie, pour en dégager les principes et les règles.

Pendant toute la durée de cet enseignement, le zèle du professeur et l'attention sympathique des auditeurs ne se démentirent pas un seul jour.

« Il fut pendant huit ans, a dit de lui M. Charles « Giraud [1], l'honneur de la Faculté de Rennes, « illustre déjà par Toullier et d'autres renommés « jurisconsultes. Son caractère noble, son esprit « élevé, son cœur droit, sa pureté, son honnêteté, « lui avaient mérité sur ce siège l'estime et l'affec- « tion universelles. »

M. Laferrière ne se contentait pas d'enseigner et rien ne lassait l'activité de son esprit. Dès 1839, il avait publié dans la *Revue de législation,* dont il fut toute sa vie le collaborateur, les prolégomènes de son cours.

En 1840, il rendait à la science un nouveau service par la publication de son traité de *Droit public et administratif.*

Ce livre, dont cinq éditions on démontré le mérite, obtint un grand et légitime succès. Il s'adressait non-seulement aux étudiants en Droit, pour lesquels il allait devenir l'auxiliaire utile des leçons de l'école, mais à tous ceux qui voulaient connaître les droits et les devoirs des citoyens dans l'exercice des libertés publiques, ainsi que les droits et les devoirs des pouvoirs politiques et adminis-

---

[1] Discours sur la tombe de M. Laferrière.

tratifs dans leurs rapports avec les citoyens et la société.

A côté d'une grande clarté d'exposition et de méthode, M. Laferrière révélait, dans cette publication, un esprit versé dans la connaissance de nos institutions.

L'Académie des sciences morales et politiques chargea M. le premier président Troplong, l'un de ses membres, de lui présenter un rapport sur cet ouvrage. Après en avoir donné l'analyse, l'éminent magistrat terminait ainsi son compte-rendu : « On « voit que depuis les intérêts généraux les plus « élevés jusqu'aux intérêts de l'humble clocher ru- « ral, M. Laferrière a résumé dans un ordre mé- « thodique l'encyclopédie administrative... Son plan « ne lui permettait pas de suivre la science dans « ses innombrables difficultés pratiques. Tout ce « qu'il a voulu, c'est de poser les principes et de « coordonner les éléments épars d'une science qui « cherche encore sa méthode définitive. Nous osons « dire qu'il a atteint avec distinction ce but utile et « que son livre contribuera beaucoup à asseoir cette « science sur ses véritables bases. Cet ouvrage a, « d'ailleurs, le mérite de se faire lire avec intérêt. « Le style en est élégant, le fond en est substantiel. « L'auteur a su à la fois simplifier pour ceux qui ne « savent pas et généraliser pour ceux qui savent [1].

Le dévouement que M. Laferrière apportait dans

---

[1] *Revue de législation,* 1842, tom. XV.

l'exercice des devoirs de son professorat, partagé entre l'enseignement oral et l'enseignement écrit, ne l'empêchait pas de se livrer à d'autres études, aussi variées qu'approfondies, qui toutes font le plus grand honneur à son érudition.

Dès ce moment, il préparait aussi les assises nouvelles d'une histoire du Droit français, conçue sur des bases plus larges et sur des plans bien autrement considérables que ceux de sa première publication. — Il profitait de ses loisirs pour étudier les anciennes Coutumes de la Bretagne et pour publier, dans la *Revue de Législation,* une série d'études sur divers point d'histoire et de Droit administratif [1].

A cette époque de la vie de M. Laferrière se rattache une autre publication que je n'ai garde d'oublier, parce qu'elle nous fait connaître un autre côté de ses grandes qualités morales.

Son amour pour la science ne lui faisait négliger ni les devoirs de la famille, ni ceux de l'amitié. Les joies du cœur lui étaient aussi nécessaires que celles du travail.

Il avait rencontré à Rennes le savant auteur de *l'Histoire des institutions mérovingiennes et carolovingiennes et des recherches sur les origines celtiques,* M. Lehuérou, professeur suppléant de littérature étrangère à la Faculté des lettres. « C'était « un homme antique qui partout s'était concilié « l'estime et l'affection. » M. Laferrière devint « le

[1] *Revue de législation,* années 1840, 1841, 1843, 1844, 1845.

« confident de ses travaux, de ses espérances et de
« ses pensées intimes, » et se lia avec lui d'une
amité qui avait sa source dans l'élévation de leurs
sentiments communs.

Le 27 septembre 1843, M. Lehuérou vint visiter
M. Laferrière à Angoulême. Il y fut entouré « de
« toutes les prévenances, de tous les soins et de
« toutes les délicatesses du cœur. »

Il en repartit le 6 octobre. Les deux amis se séparèrent en s'embrassant fraternellement, se promettant
de s'écrire et de se revoir bientôt. Et le 9 du même
mois la mort venait briser ces doux projets d'avenir
et d'amitié. — M. Laferrière pleura son ami et lui
consacra une touchante notice qu'il m'a été donné de
lire et qui révèle de la part de son auteur les plus
nobles qualités du cœur. Il y racontait la vie, les
travaux et les souffrances de l'ami si cher qu'il avait
perdu, et il terminait ainsi : « Si l'avenir ne se fût
« pas fermé devant cette belle intelligence, elle nous
« eût donné un jour l'histoire des institutions féo-
« dales et l'histoire de la Bretagne armoricaine...
« C'était une de ses pensées, mais, hélas ! une de
« celles qui meurent avec l'homme. *Vanæ cogita-*
« *tiones !* »

A l'expiration des vacances de la Faculté de Droit,
M. Laferrière revint à Rennes pour y continuer son
enseignement.

Il y poursuivit ses travaux jusqu'en 1845, époque
à laquelle il sollicita un congé d'une année, dans le
but de se consacrer tout entier à ses travaux d'his-

toire du Droit et de surveiller à Paris la publication nouvelle qui allait le placer au rang des jurisconsultes les plus estimés.

Il avait jeté sur son enseignement un tel éclat que, dans le cours de cette même année 1845, quand, sur l'initiative de M. de Salvandy, la Commission des hautes études du Droit, dépositaire de tous les intérêts de la science, fut reconstituée, en vue de préparer la réforme de l'enseignement juridique, M. Laferrière eut l'honneur d'y être appelé en même temps que MM. Troplong et Laboulaye.

Ce fut des travaux préparatoires de cette commission que sortit le projet de loi qui fut présenté par M. de Salvandy à la Chambre des pairs, le 9 mars 1847. Ce projet élargissait d'une manière considérable les programmes des Facultés de Droit. La Révotion de 1848 en empêcha l'exécution.

IV.

En 1846, M. Laferrière fut appelé par M. de Salvandy aux fonctions d'inspecteur général des Facultés de Droit. Il remplaçait dans ces hautes fonctions un jurisconsulte éminent, M. Charles Giraud, appelé au Conseil royal de l'instruction publique, en remplacement de M. Rossi.

Le monde savant accueillit avec faveur une nomination qui n'était due qu'au mérite et aux services de celui qui en était l'objet : homme de science, ne devant rien à l'intrigue, M. Laferrière pouvait s'enorgueillir des succès de sa carrière.

Ainsi placé à la tête de l'enseignement du Droit, il continua l'œuvre de son prédécesseur et donna aux études une active impulsion.

En 1847, il fut chargé, en sa qualité d'inspecteur général, de la direction temporaire de l'académie de Rennes.

Ce fut, messieurs, un heureux jour que celui du retour de M. Laferrière dans cette ville de Rennes, où il avait laissé, quand il lui avait fallut s'éloigner de sa chaire de Droit administratif, de si unanimes et de si vifs regrets. Il y fut entouré des plus hautes et des plus sympathiques affections. Si bien qu'en prononçant, le 8 novembre 1847, lors de la rentrée des Facultés, le discours de rentrée, il put dire avec vérité : « Je ne suis pas un étranger parmi vous ;
« j'appartiens à la Bretagne par cet âge de la vie
« où les fruits de la pensée mûrissent sous la cha-
« leur des plus purs sentiments, où l'homme moral
« prend complétement possession de lui-même par
« son dévouement réfléchi à la loi du devoir. J'appar-
« tiens à la Bretagne par tous les liens qui m'atta-
« chent à l'Université ; que ma première parole soit
« donc, dans cette enceinte, une parole, un acte de
« reconnaissance [1]. »

[1] L'exemplaire de ce discours qui m'a été communiqué par M. Alphonse Laferrière est celui-là même que M. Laferrière adressait à sa femme. Il porte cette touchante dédicace manuscrite : « *A celle qui est digne de comprendre comme d'inspirer toutes les bonnes pensées.* »

La révolution de 1848 le surprit au milieu des devoirs de ses fonctions académiques. Elle lui infligea bientôt une douleur imméritée par la suppression de l'inspection générale des Facultés de Droit.

M. Laferrière accepta sans murmurer cette mesure. Son âme virile sut se montrer supérieure aux revers de la fortune ; et, rentrant dans la vie privée, il ne s'abandonna ni à de vaines récriminations, ni à de compromettantes démarches, et se livra tout entier à ses études. Les événements ne tardèrent pas à lui fournir l'occasion d'intervenir dans l'examen des difficiles questions économiques qui s'agitaient alors. Au nombre de ces questions, il en était une que la sollicitude du précédent gouvernement avait posée et dont l'ébranlement de la fortune publique rendait de nouveau l'examen nécessaire. Je veux parler de la révision du régime hypothécaire.

M. Laferrière prit part à ce grave débat et publia sur la réforme hypothécaire et sur le développement du crédit foncier une savante étude, dont plusieurs idées eurent l'honneur d'entrer plus tard dans la loi du 23 mars 1855, sur la transcription [1].

C'est à peu près vers la même époque qu'à l'occasion d'un rapport du ministre de l'instruction publique sur l'organisation de l'École d'administration, établie par arrêté du Gouvernement provisoire du 8 mars 1848, M. Laferrière revendiqua la part que

---

[1] Étude publiée par la *Revue de Droit français et étranger*, 1848.

la Commission des hautes études de Droit avait eue dans cette utile création [1].

Son éloignement de la vie publique ne fut, d'ailleurs, que de courte durée. Et lorsqu'en 1849 [2], l'Assemblée nationale eut à procéder à l'élection des membres du Conseil d'État, en exécution de l'article 72 de la Constitution, il eut l'honneur d'être appelé à faire partie de cette haute assemblée. Il y entrait, suivant l'heureuse expression de M. de Valroger [3], « non par la porte de la politique, mais par « celle de la science. »

Placé dans la section de législation, il y apportait « avec de grandes lumières un égal amour de l'or- « dre et des libertés publiques [4]. »

Vous savez, messieurs, qu'aux termes de la Constitution, la moitié des membres du Conseil d'État était renouvelable dans les deux premiers mois de chaque législature. L'application de cette disposition eut pour résultat d'amener la sortie de M. Laferrière du Conseil d'État. Mais sa carrière ne fut pas longtemps entravée. Nommé d'abord recteur de l'académie de Versailles, il ne fit que passer dans ce poste important, où il se fit remarquer par la fermeté de son administration, et dans le cours de cette

---

[1] Dissertation sur l'enseignement administratif et sur une école spéciale d'administration. (*Revue de législation*, 1849, tom. XXXIV.)

[2] Séances des 11 et 18 avril 1849.

[3] Article nécrologique. (*Revue de législation et de jurisprudence*, février 1861.)

[4] Même article.

même année 1849, les fonctions d'inspecteur général des Écoles de Droit ayant été rétablies, il fut appelé à les remplir de nouveau.

Ce qu'il fut dans ce poste élevé, il faut le demander aux hommes qui l'ont connu et qui l'ont vu à l'œuvre, ainsi qu'aux travaux qui assurent à son nom un impérissable souvenir.

« Inspecteur général des Facultés de Droit, a dit
« de lui M. de Valroger [1], il contribua de tous ses
« efforts à élargir, fortifier et élever l'enseignement,
« en même temps qu'il se rendait cher à tout le
« professorat par la loyauté et la bienveillance de
« son caractère... Soigneux de mettre en lumière
« les titres des autres, il n'oubliait de parler que des
« siens. Ce désintéressement de lui-même avait sa
« source dans l'élévation de son caractère. Très
« susceptible de nobles fiertés, M. Laferrière était
« au-dessus de toute pensée étroite et mesquine.
« Jamais il n'y eut d'accès dans cette belle âme que
« pour les sentiments les plus purs et les plus géné-
« reux. »

Voilà ce qu'était l'homme. — Quant à ses travaux, ils deviennent si multiples et si variés que l'on ne sait ce que l'on doit le plus admirer ou de sa prodigieuse activité ou de sa vaste et profonde érudition. Il aimait passionnément la science du Droit, et dans ses discours d'inspecteur général, comme dans ses

---

[1] Article nécrologique. (*Revue de législation et de jurisprudence*, février 1861.

livres et dans les nombreux articles juridiques qu'il a publiés, on retrouve partout, avec le sentiment élevé de la loi et de la mission civilisatrice du Droit, le dévouement le plus absolu aux intérêts de l'enseignement.

Appelé, le 1er juillet 1850, à présider le concours ouvert devant la Faculté de Droit de Dijon, il faisait entendre aux jeunes hommes qui allaient engager la lutte ces remarquables paroles dont l'à-propos n'échappait à personne :

« La science du Droit n'a jamais une mission plus
« élevée que dans ces époques d'agitation où les
« esprits, livrés à l'incertitude des doctrines et à
« l'ardeur inquiète des passions, se prennent à dou-
« ter des principes sur lesquels repose la destinée
« des sociétés humaines. Alors, le Droit civil, par
« la stabilité de ses principes fondés sur la nature
« de l'homme et de la société, devient l'asile le plus
« sûr de la vérité sociale... Si les orages politiques
« et les fausses lueurs de doctrines anti-sociales
« pouvaient un instant égarer notre pays, le Code
« civil serait notre ancre de salut. — Par son rap-
« port intime et profond avec les mœurs nationales,
« par les principes éternels qu'il a consacrés sur
« la *famille,* la *propriété,* les *successions,* il ra-
« mènerait la société française aux lois constitu-
« tives de la vie sociale, — il nous rendrait ce que
« son immortel auteur avait voulu surtout garantir
« à la France, *la liberté civile,* en attendant que la
« Providence nous trouvât plus dignes de la liberté

« politique, dont nous aurions eu le malheur d'a-
« buser ¹. »

C'est par ce langage élevé que M. Laferrière répondait aux graves préoccupations qui agitaient alors les esprits. — Si le temps présent les faisait renaître encore, il faudrait relire et méditer ces sages pensées.

L'année suivante, l'Académie de législation de Toulouse, qui venait d'être fondée, nommait M. Laferrière membre correspondant. Et quelques mois après, en juin 1852, appelé dans cette ville par ses fonctions d'inspecteur général, il payait à l'Académie, qui s'était réunie extraordinairement en son honneur, son droit d'entrée, en lui donnant communication d'un mémoire concernant directement l'histoire du Droit dans le midi de la France, et ayant pour but de rechercher quelles parties du Droit de Justinien étaient connues et suivies en France avant la fin du XIe siècle.

L'Académie de législation sut se montrer reconnaissante d'une pareille communication : « Le choix
« d'un tel sujet, disait à cette ocasion M. Benech,
« son savant secrétaire, était visiblement dicté par
« une attention pleine de délicatesse et du meil-
« leur goût, à l'égard d'une académie établie dans
« l'ancienne métropole des pays de Droit écrit...
« Ce gage éclatant d'estime et de sympathie donné

---

¹ Discours d'ouverture du concours ouvert devant la Faculté de Droit de Dijon. (*Revue de législation*, 1850, t. XXXVIII, p. 400.)

« à nos exercices par un jurisconsulte des plus au-
« torisés et les paroles flatteuses qu'il a fait en-
« tendre en prenant place dans nos rangs, y lais-
« seront des traces d'autant plus durables que chez
« notre éminent confrère les grâces du cœur ne le
« cèdent en rien aux vives et riches facultés de l'es-
« prit [1]. »

Aussi, messieurs, ce fut avec une sorte d'enthousiasme que la ville de Toulouse accueillit un peu plus tard M. Laferrière, quand, en 1854, il y revint chargé de l'administration de l'académie de cette ville, qu'une loi récente venait de créer [2].

Il remplit cette mission nouvelle avec une rare sagesse et un dévouement à toute épreuve.

On le vit partout prodiguer aux uns les encouragements, aux autres les témoignages de son estime. Accessible à tous, d'une courtoisie et d'une bienveillance parfaites, il s'efforçait d'inspirer à tous les fonctionnaires de l'enseignement l'amour de leur état, et ne perdait aucune occasion de manifester son active sympathie pour les intérêts des établissements de son ressort académique.

On en eut la preuve quand, en 1855, on le vit contribuer de toute son influence à la réorganisation du collége d'Albi et réussir, à force de prudence, à rapprocher dans un même sentiment de conciliation et de paix les représentants de l'Église et de l'Université.

---

[1] *Revue de législation*, tom. XXXXIV, p. 268.
[2] Loi du 14 juin 1854.

Nul n'était plus propre que lui à cette œuvre délicate, parce que les sentiments chrétiens savaient s'allier à son dévouement profond pour les intérêts de l'Université : « Nous avons voulu, disait-il, à cette
« occasion, rapprocher les esprits et les cœurs dans
« la ville d'Albi ; répandre l'harmonie où se glis-
« saient les divisions, rétablir la paix troublée
« quelquefois jusqu'au sein du foyer domestique, et
« faire de la jeunesse de ce beau pays une seule
« classe, chrétienne et éclairée. »

Cette sollicitude pour la jeunesse était l'un des traits saillants du caractère de M. Laferrière. Il avait une prédilection particulière pour ces fêtes universitaires, où il se retrouvait, comme autrefois dans sa chaire, entouré de jeunes intelligences ouvertes à tous les nobles sentiments et à toutes les généreuses pensées. Il leur parlait de devoir, de travail et de patriotisme ; il le faisait avec cette chaleur d'âme qu'il apportait jadis dans les brillantes plaidoiries de sa jeunesse, et les applaudissements de son auditoire lui prouvaient bientôt qu'il avait été compris [1].

Toulouse, vouée par ses origines romaines et ses traditions de Droit écrit à la science juridique, avait trouvé dans M. Laferrière un homme qui avait su s'identifier avec ses intérêts moraux et intellectuels.

[1] Voyez Discours prononcé à Toulouse pour la rentrée des Facultés, le 16 novembre 1854, et Rapport à l'Académie de législation sur le concours entre les lauréats du doctorat, séance du 3 août 1856.

Il le prouva bien le 29 juillet 1855, lors de l'inauguration de la fête de Cujas, instituée par l'Académie de législation dans sa séance du 2 mai précédent.

C'était pour la ville de Toulouse une patriotique solennité. M. Laferrière y prit la parole et sut caractériser dans un si beau langage l'école de l'immortel jurisconsulte dont l'Académie célébrait la fête, que ses paroles furent à plusieurs reprises interrompues par les sympathiques applaudissements de cette assemblée d'élite.

J'ai retrouvé dans un des journaux du temps[1] l'impression produite par le discours prononcé en cette occasion par M. Laferrière. Je ne résiste pas au plaisir de reproduire ici quelques lignes du compte-rendu du journal :

« Après avoir montré l'association du Christia-
« nisme et du Droit romain, en s'appuyant sur l'au-
« torité de Cujas et du pape Jean VIII, M. Lafer-
« rière a tracé un parallèle entre Cujas et Dumoulin.
« Cette appréciation de deux jurisconsultes éminents,
« faite en termes choisis et en connaissance de cause
« par un homme digne de comprendre les grands
« hommes dont il continue la tradition, a été inter-
« rompue à quatre reprises par les témoignages
« d'admiration. Et quand M. Laferrière a terminé

---

[1] Journal *l'Aigle,* Toulouse, 30 juillet 1855. J'en dois la communication à M. Joseph-Julien Laferrière, à qui j'exprime ici toute ma reconnaissance pour le bienveillant empressement avec lequel il m'a fourni tous les documents en sa possession.

« l'éloge de Cujas, un tonnerre d'applaudissements
« a fait vibrer la salle [1]. »

Au milieu des soins de son administration académique, dans laquelle il montra, par la prudence de sa conduite et son application vigilante, qu'il avait à un haut degré les grandes qualités de l'administrateur, M. Laferrière ne perdait pas de vue le grand travail auquel il avait consacré sa vie et dont j'ai trop tardé peut-être à vous entretenir.

V.

De la même manière qu'il avait étudié à Rennes les anciennes Coutumes de la Bretagne, de même il profitait, c'est lui-même qui nous l'apprend, de sa mission dans le Midi, pour compléter ses recherches sur les anciennes Coutumes de Toulouse [2].

Il avait entrepris de marquer les faits extérieurs, les causes morales, politiques et religieuses qui caractérisent les grandes époques de l'histoire du Droit, — de faire connaître les monuments des lois, des Coutumes, des jurisconsultes influents de chaque époque, et de déterminer les résultats acquis à l'histoire et à la théorie du Droit [3].

« J'ai entrepris, disait-il, un très long et très labo-

---

[1] *Revue de législation et de jurisprudence*, 1855, tom. VII, p. 110.
[2] *Revue de jurisprudence*, 1855, première partie, p. 225.
[3] *Introduction à l'histoire du Droit français.*

« rieux pèlerinage pour l'histoire du Droit français au
« moyen âge. Je recherche dans nos provinces les
« monuments féodaux et les coutumiers produits
« ou reçus par elles ; je veux les étudier sur place
« et déterminer leurs rapports avec les lieux et les
« temps qui les ont vus naître. Après avoir, dans une
« précédente publication, exposé l'ensemble des faits
« et des principes qui constituaient en quelque sorte
« le Droit commun de la France féodale, je veux
« tâcher de caractériser les diversités du Droit au
« sein de populations diverses d'origine, de sujétion,
« de mœurs, et présenter, pour la première fois,
« l'histoire juridique de la France féodale et coutu-
« mière dans un certain ordre géographique, en
« rappelant les provinces, les monuments et les Cou-
« tumes de la circonférence au centre du royaume.
« Je commence mon exploration par les provinces
« de l'Est et du Sud-Est, etc... [1]. »

C'est ainsi, messieurs, que pour exécuter le vaste plan qu'il s'était tracé, M. Laferrière publia successivement les six volumes de l'ouvrage qui est son principal titre à la reconnaissance de son pays ; je veux parler de son *Histoire du Droit français*.

Ce livre n'était point une seconde édition de celui qui parut en 1836.

« J'ai résolu de recommencer mon travail, dit l'au-
« teur, et d'écrire un livre qui pût porter le titre

---

[1] Voyez Mémoire à l'Académie de Toulouse, janvier 1855. *Essai sur les anciennes Coutumes de Toulouse.*

« d'histoire du Droit civil de Rome et du Droit fran-
« çais, comme si mon premier essai sur le Droit an-
« térieur à 1789 n'existait pas, ou s'il n'était pour
« moi qu'un travail préparatoire. »

Les deux premiers volumes parurent en 1846;

Le troisième, en 1850;

Le tome IV, en 1853;

Et les tomes V et VI, en 1858.

La plus longue et la plus difficile partie de la tâche de l'auteur était accomplie.

Qu'il me soit permis de rappeler que, se souvenant de son séjour au milieu de nous, il a consacré à notre Droit coutumier de l'Angoumois des pages qui attestent la sincérité de ce qu'il appelait « son vieux
« culte pour la patrie absente [1]. »

Les jurisconsultes les plus autorisés de la France et de l'étranger applaudirent sans réserve à l'œuvre considérable de notre ancien confrère. MM. Ginouilhac [2] et de Valroger [3] en France, Nypels en Belgique [4], Mittermaïer en Allemagne [5], saluèrent successivement de leur haute approbation l'apparition de chacun de ses livres.

---

[1] Lettre à M. Castaigne, 1856.

[2] *Revue de législation*, article Ginouilhac, 1846, tom. XXV, p. 117.

[3] *Revue de législation et de jurisprudence*, article de Valroger, 1859, tom. XIV, p. 89.

[4] *Revue de législation et de jurisprudence*, 1859, sept. et oct., p. 356.

[5] *Revue de législation et de jurisprudence*, janv. 1861, p. 87; et sur les trois premiers volumes, même revue, tom. III, p. 533.

Les quatre premiers volumes embrassent les grandes sources du Droit : *Droit romain, Droit germanique, Droit canon, Droit féodal.*

Ces éléments primitifs une fois reconnus, il fallait suivre leurs traces successives dans les Coutumes de France et faire l'histoire des dispositions coutumières. Ce fut l'objet des tomes V et VI.

« Il n'était donné qu'à un esprit d'élite de ra-
« mener tant de matériaux divers à un ordre
« méthodique et à une exposition claire et raison-
« née [1]. »

Tels furent, messieurs, les titres qui ouvrirent, en 1855, à notre illustre ancien confrère les portes de l'Académie des sciences morales et politiques.

Là encore, au milieu de cette savante compagnie, M. Laferrière se fit remarquer par de savants mémoires et par d'utiles travaux.

Ce fut lui notamment qui présenta à l'Académie le rapport sur le *Traité théorique et pratique des obligations* de M. Larombière [2] ; — sur le livre de M. Renouard : *Le Droit industriel dans ses rapports avec les principes du Droit civil* [3] ; — sur l'ouvrage de M. Mallein, professeur à la Faculté de Grenoble : *Considération sur l'enseignement du Droit administratif* [4], — et sur le livre de M. Dupin :

---

[1] Nypels, recteur de l'Université de Liége.
[2] *Revue de législation et de jurisprudence,* février 1860, p. 186.
[3] *Revue de législation et de jurisprudence,* juillet 1860, p. 79.
[4] *Revue de législation et de jurisprudence,* 1858, tom. XII, p. 369.

Règles de Droit et de morale tirées de l'Écriture sainte [1].

Il avait un talent d'analyse qui excellait à mettre en lumière l'idée principale de l'auteur. Ses rapports sont des modèles de concision et de critique pleine à la fois de liberté et de bienveillance. Il s'attachait surtout à prouver le mérite du livre qu'il examinait, et s'il avait des réserves à formuler, il savait le faire sans jamais blesser les légitimes susceptibilités de l'écrivain.

Il jouissait au sein de l'Académie de la confiance et de l'affection de tous ses collègues. Tous savaient apprécier ses nobles qualités et sa haute compétence. On le vit bien le 29 janvier 1859, quand un vote unanime le fit admettre à la section de Législation et de Droit public, à la place laissée vacante par le décès du comte Portalis [2].

Deux Mémoires lus à l'Académie dans cette même année 1859, l'un sur la philosophie du Droit, l'autre concernant l'influence du stoïcisme sur la doctrine des jurisconsultes romains, démontrent combien il était digne de remplacer l'homme « dont on admirait, « en matière de Droit, l'abondance du savoir, la pro- « fondeur de doctrine et la fécondité d'esprit [3]. »

En même temps qu'il préparait et recueillait avec une patience que rien ne pouvait lasser les matériaux destinés à continuer son *Histoire du Droit français*,

---

[1] *Revue de législation et de jurisprudence*, juillet 1860, p. 76.
[2] *Moniteur* du 7 février 1859.
[3] Mignet, *Éloge du comte Portalis*.

il revoyait aussi ses premiers travaux. Il ne s'était pas dissimulé les défauts ou les lacunes qui pouvaient s'y rencontrer, et il avait résolu de les soumettre à une révision sévère.

Dès 1850, il avait publié séparément sous ce titre : *Histoire des principes, des institutions et des lois de la Révolution française depuis 1789 jusqu'à 1800*, l'ouvrage qui avait formé, en 1838, le second volume de son *Histoire du Droit français*. « En ami « de mon pays, disait-il en dédiant ce livre à la « jeunesse française, j'ai senti qu'au milieu des « temps si troublés où nous place la Providence, « la jeunesse, livrée à tout vent de doctrine, exposée « à des entraînements de principes, avait besoin « que l'on mît sous ses yeux un tableau vrai des « idées successives de la Révolution française. »

Quelques années plus tard, en 1859, il publia une seconde édition de l'ouvrage tout entier sous ce titre nouveau : *Essai sur l'histoire du Droit français depuis les temps anciens, y compris le Droit public et privé de la Révolution française.*

Ces nobles études poursuivies avec une si ardente sollicitude et une si courageuse persévérance n'éloignaient pas M. Laferrière des devoirs de ses fonctions.

Il continuait à les remplir avec un dévouement que rien n'affaiblissait. Il visitait les Écoles de Droit, assistait aux leçons, interrogeait les étudiants, et leur prodiguait avec une exquise bienveillance les conseils les plus affectueux et les plus éclairés.

Puis, quand s'ouvraient ces savants concours d'agrégation où les jeunes adeptes de la science venaient si vaillamment conquérir leurs titres, il les présidait avec un distinction et un impartialité qui entraînaient l'admiration des candidats et des juges [1].

C'est ainsi, messieurs, que par ses travaux et ses services M. Laferrière avait conquis dans l'Université une place exceptionnelle. Sa réputation s'étendait au loin; les sociétés savantes de la France et de l'étranger s'honoraient de le compter dans leur sein. Membre du Conseil supérieur de l'instruction publique, officier de la Légion d'honneur, il devait toutes ces dignités à la science, dont il était devenu l'un des plus illustres représentants. Son sens droit, son cœur indépendant, son esprit élevé le tinrent toujours éloigné de la politique et le préservèrent de ses écueils.

Hélas! messieurs, cette carrière si complétement consacrée au devoir, à la science, à la famille et à l'amitié, et cette noble vie dont je n'ai pu que retracer imparfaitement les grandes lignes, touchent à leur terme.

L'œuvre du savant historien va rester inachevée, et la prière qu'un jour, se promenant avec son frère, M. Joseph-Julien Laferrière, sur l'une des plages de l'Océan, il adressait à Dieu, ne fut pas exaucée. Il lui

---

[1] Voyez ses discours lors des concours de 1856 et de 1858. (*Revue de législation*, 1856, tom. IX, p. 570.) Le discours de 1858 m'a été communiqué par M. Joseph Laferrière.

demandait de le laisser vivre assez pour terminer son histoire du Droit! Dieu ne l'a pas permis.

Vous savez tous l'événement douloureux qui, le 12 février 1861, jetait le deuil dans la famille de M. Laferrière. La Providence, qui lui avait donné trois enfants, lui retirait sa fille!

Sa fille! l'objet de ses plus tendres, sinon de ses plus chères affections!

Devant ce malheur inattendu, le chrétien baissa la tête, mais la douleur brisa si cruellement son cœur que, trois jours après, ceux qui avaient accompagné l'enfant vers sa dernière demeure, se retrouvaient à l'église Saint-Sulpice autour du cercueil du père!

Ah! ce fut, messieurs, pour sa famille et pour ses amis un coup qui les atteignit comme la foudre, que la nouvelle de cette mort!

Ce n'était pas seulement le savant qu'on regrettait, c'était le père excellent et l'homme de bien qu'on pleurait!

Quand on relit aujourd'hui, à quinze ans de distance, les discours qui furent prononcés sur sa tombe, on se sent ému et contristé jusqu'au fond de l'âme.

Ce n'était pas, en effet, l'expression d'une douleur officielle qui venait s'étaler aux funérailles d'un fonctionnaire éminent ou d'un savant distingué, mais des larmes qu'on répandait et qu'on maîtrisait avec peine, tant cette mort inspirait de regrets et détruisait d'espérances!

C'est qu'en effet il était bien digne d'être pleuré

celui dont la vie venait d'être brisée, et ce n'était pas une âme vulgaire que celle de ce philosophe chrétien, de ce savant juriste, de ce père admirable qui mourait de la mort sa fille !

L'Université, l'Institut, la Faculté de Droit, la Presse, les Sociétés savantes [1] ont successivement rendu hommage à M. Laferrière.

Par une pensée pieuse dont l'honneur revient à votre Conseil de discipline, vous rappelant, mes chers confrères, que votre Ordre avait été comme le berceau de sa carrière, vous avez voulu que son nom fût aussi conservé parmi vous.

VI.

Le souvenir de M. Laferrière vivra aussi longtemps que la science elle-même à laquelle il avait voué sa vie. Son œuvre reste imcomplète, mais il a donné à la philosophie et à l'histoire du Droit une vive impulsion, et il a exercé sur la jeunesse des Écoles et sur les études du Droit une influence heureuse.

Disciple des grands jurisconsultes de notre École nationale, il a continué leurs traditions spiritualistes et il s'est montré leur égal par la clarté et l'élévation de la pensée, aussi bien que par la dignité de sa vie.

---

[1] Société archéologique de la Charente, séance du 18 février 1861. — Académie de Modène, 3 avril 1861, *Discours de M. Bosellini*.

Il a poursuivi comme eux le plus noble but, l'alliance de la philosophie et de la religion, de la foi et de la raison, alliance féconde destinée à préserver notre société moderne, de la même manière que le Christianisme et le Droit romain avaient rayonné sur le moyen âge et enfanté la Renaissance.

Il avait emprunté à la philosophie ses fortes méthodes et ses grandes vérités morales. Il avait étudié la nature immortelle de l'âme et compris tout ce qu'il y a de grand dans la dignité humaine et dans la liberté de l'homme soumise à la loi du devoir [1].

Chrétien sincère et d'une foi profonde, il avait l'âme d'une admirable délicatesse et d'une exquise bonté. Il a vécu entouré des amitiés les plus sûres et des sympathies les plus élevées. Consacrant à sa famille toutes les heures qu'il pouvait dérober à la science et aux devoirs de son état, il a constamment donné aux siens l'exemple de toutes les vertus et n'a cessé de les entourer de l'affection la plus pure. En un mot, il a bien vécu. C'était, suivant l'expression de Montaigne, « une de ces âmes triées pour l'exemple du monde. » Et quand je cherche à retrouver les traits caractéristiques de ce noble esprit, je suis tenté de dire de lui ce qu'il disait de Cujas :

« Il aimait les lettres autant que le Droit, et cette
« union du juste et du beau, du bien et du vrai, du
« Droit et de la littérature, qui est l'idéal de la science

[1] Discours au lycée Charlemagne, 10 août 1858.

« et de l'enseignement supérieur, il la réalisait dans
« ses travaux comme professeur, comme écrivain,
« et il en répandait autour de lui la salutaire in-
« fluence [1]. »

Aussi, messieurs, avec quel empressement le Conseil de l'Ordre n'a-t-il pas accueilli celui de nos confrères [2] qui vint un jour, au nom de la famille de M. Laferrière, nous offrir le buste de l'illustre jurisconsulte que notre Ordre avait eu l'honneur de compter dans ses rangs.

Nous avons accepté cette offre avec une reconnaissance dont je me plais à renouveler ici l'expression aux fils et aux frères de M. Laferrière.

Ce buste, qui reproduit si heureusement les traits de notre ancien confrère, ne nous rappellera pas seulement sa physionomie si ouverte et si expressive, la rare distinction de ses manières et cette dignité extérieure si en harmonie avec l'élévation de son âme et les habitudes de sa vie, — il nous rappellera surtout la noblesse et la droiture de son caractère, son amour de la science, son dévouement au devoir et ses grandes vertus, — toutes choses que le temps n'altère pas, qui survivent à l'homme lui-même et participent de l'immortalité de son âme.

Et c'est ainsi, messieurs, qu'en honorant la mémoire de M. Laferrière et en gardant avec respect le précieux dépôt que sa famille a bien voulu nous

---

[1] Discours sur l'École de Cujas, 29 juillet 1855.
[2] M. Maurice Georgeon.

confier, nous mettrons en pratique le conseil de Loysel :

« Vous devez vous efforcer de conserver à notre Ordre le rang et l'honneur que nos ancêtres lui ont acquis par leur mérite et leurs travaux, pour le transmettre à vos successeurs [1]. »

[1] *Dialogue des avocats.*

FIN.

Angoulême, Imprimerie Charentaise G. Chasseignac et Cie,
rempart Desaix, 26.